Carmen Mamiani

Kreatives Übersetzen. Scenes-and-Frames-Semantik

Ein deutsch-italienischer Vergleich von Kochrezepten

GRIN Verlag

Bibliografische Information der Deutschen Nationalbibliothek:

Die Deutsche Bibliothek verzeichnet diese Publikation in der Deutschen National-
bibliografie; detaillierte bibliografische Daten sind im Internet über http://dnb.d-
nb.de/ abrufbar.

Impressum:

Copyright © 2011 GRIN Verlag GmbH
Druck und Bindung: Books on Demand GmbH, Norderstedt Germany
ISBN: 978-3-656-55406-6

GRIN - Your knowledge has value

Der GRIN Verlag publiziert seit 1998 wissenschaftliche Arbeiten von Studenten, Hochschullehrern und anderen Akademikern als eBook und gedrucktes Buch. Die Verlagswebsite www.grin.com ist die ideale Plattform zur Veröffentlichung von Hausarbeiten, Abschlussarbeiten, wissenschaftlichen Aufsätzen, Dissertationen und Fachbüchern.

Besuchen Sie uns im Internet:

http://www.grin.com/

http://www.facebook.com/grincom

http://www.twitter.com/grin_com

Universität des Saarlandes
FR 4.6 VSLT

Veranstaltung: Proseminar Kultur übersetzen: Sachliche und sprachliche Kulturspezifika
im Romanischen und Deutschen

Semester: SoSe 11

Titel der Arbeit:

Kreatives Übersetzen

Scenes-and-Frames-Semantik: Ein deutsch-italienischer Vergleich von Kochrezepten

Verfasser: **Carmen Mamiani**

Termin der Abgabe: 30.09.11

Inhaltsverzeichnis:

1.Einleitung

Die Übersetzungswissenschaft stellt mit ihren wechselseitigen Ansätzen eine vielfältige und anspruchsvolle Wissenschaft dar. Kontrastiv-linguistisch orientierte Betrachtungen, in denen der Begriff Äquivalenz zentraler Untersuchungsgegenstand zwischen Ausgangs- und Zieltext war, bis hin zu Paradigmawechseln durch deskriptive Methoden, in denen der Kulturbegriff ausschlaggebend war, untermauern diese These.

In der vorliegenden Hausarbeit wird sich auf diese Vielfalt bezogen. In erster Linie bildet sich die Übersetzungswissenschaft aus der Textkompetenz heraus. Fest definierte Kriterien führen zu Anfertigung und Übersetzung von Texten. Hinsichtlich dieser feststehenden Abgrenzungen stellt sich die Frage, ob sie in Ausgangs- und Zielsprache gleich bzw. übertragbar sind.

Im Mittelpunkt der Hausarbeit steht also die Kultur der Ausgangs- und Zielsprache: Inwieweit ist Kultur ein Bestandteil beim Übersetzen? Welche Übersetzungsprobleme stellen sich bei diesem kulturorientierten Ansatz?

Kultur als zentraler Übersetzungsgegenstand schlägt sich in verschiedenen Übersetzungsstrategien nieder. In dieser Hausarbeit handelt es sich um die Scenes-and-Frames-Semantik, die Teil des kreativen Übersetzens ist.

Die vorhergehenden Überlegungen werden anhand gastronomischer Fachtexte aus der italienischen Sprache analysiert. Es handelt sich um italienische Kochrezepte, die zum Einen ins Deutsche übersetzt wurden, oder zum Anderen eine kulturell-fremdsprachliche Bearbeitung erfahren haben: Zeigt sich wirklich der kulturelle Aspekt bei den Übersetzungen bzw. Bearbeitungen? Wie wurden diese realisiert? Wie schlagen sich die Überlegungen aus der Textkompetenz in der deutschen und italienischen Sprache nieder?

Die Schlussbetrachtung fasst die Ergebnisse dieser Fragestellungen noch einmal zusammen und zieht ein Fazit bezüglich ihrer Wichtigkeit für die Übersetzungswissenschaft.

2. Textkompetenz

2.1 Der Begriff Textsorte

Kern dieser Hausarbeit ist die Betrachtung des kulturellen Aspektes von gastronomischen Fachtexten, die übersetzt oder bearbeitet wurden. Hierbei muss die Textsorte Fachtext zunächst definiert werden, um einen Einstieg in die Probleme zu erlangen, die bei Übersetzungen oder Bearbeitungen auftreten können. Reiss und Vermeer definierten 1984 Textsorten als „überindividuelle Sprech- und Schreibakttypen, die an wiederkehrende Kommunikationshandlungen gebunden sind und bei denen sich aufgrund ihres wiederholten Auftretens, charakteristische Sprachverwendungs- und Textgestaltungsmuster herausgebildet haben" (vgl. Holzer, 2002:61).

Reiss und Vermeers Versuch einer Definition ist nur einer von vielen in der Textlinguistik. So ist auch die nun folgende Aufspaltung des zentralen Begriffs Textsorte in Textklassen und -typen eine von zahlreichen Klassifikationen. Reiss und Vermeer verstehen unter Textsortenklassen folgendes:[1]

- Generelle Textsorten(klassen), zu denen zum Beispiel die Textsorten Brief, Märchen, Epos, oder Vereinbarung gehören. Sie sind wohl in jeder Schriftkultur vorhanden.
- Übereinzelsprachliche Textsorten(klassen), wie zum Beispiel Sonetten, Oratorien oder Passionsspiele, die zwar in vielen, aber nicht in allen Kulturen vertreten sind. Sie weisen dennoch eher spezifische Merkmale auf.
- Einzelsprachliche Textsorten(klassen), die sich nur auf einen Kulturraum beschränken, zum Beispiel das japanische Haiku oder das japanische No-Spiel.

Als weitere Einteilung gelten Texttypen. Sie lauten wie folgt:[2]

---

[1] Holzer, 2002:61
[2] ebd.

1.darstellende oder informative Texttypen

2.ausdrucksbetonte oder expressive Texttypen

3.appellbetonte oder operative Texttypen

Beispiele für darstellende Texttypen sind Zeitungsartikel der Sorte Nachricht oder Meldung; sie haben einen rein informierenden Charakter und sind nicht wertend. Eine Kondolenzkarte gehört zu den expressiven Texttypen, da sie die mitmenschliche Anteilnahme an einen Todesfall bekundet. Neben beispielsweise Werbetexten gehört ebenfalls der Untersuchungsgegenstand dieser Hausarbeit dazu, nämlich Kochrezepte. Diese Fachtexte fordern zu einer Tat auf, sie geben Anweisungen zur genauen Ausführung und Herstellung des Gerichtes.

2.2 Der kulturelle Aspekt in der Textkompetenz

Der vorhergehende Einstieg in die Textlinguistik wirft nun erste Fragen bezüglich Übersetzungen auf: Sind die Klassifikationen von Texttypen in jeder Sprache gleich? Lassen sie sich bei einer Übersetzung einfach übertragen? Oder müssen hierbei andere Klassifikationen unternommen werden? Wovon sind diese Klassifikationen abhängig?

Der Schlüsselbegriff zu diesen Fragestellungen ist Kultur. Jeder Text unterliegt einer kulturspezifischen Prägung, sie sind gebunden an die Kommunikation und somit an die jeweilige Gesellschaft. Diese Sprach- und Kulturgemeinschaft gilt es beim Übersetzen zu berücksichtigen, schon Reiss und Vermeer sagten 1984: „Translation ist nicht nur ein sprachlicher, sondern immer auch ein kultureller Transfer" (vgl. Schreiber, 1993: 20). Die kulturellen Faktoren die beim Erstellen eines Textes mitwirken sind zahlreich. Dazu zählen Bildungsgrad, gesellschaftliche Erfahrungen, psychosoziale Eigenheiten, sowie Besonderheiten des wirtschaftlichen Lebens und die politische Situation eines Landes.[3] Betrachtet man diese Vielfalt, wird klar, dass die Übersetzung eines Textes erschwert wird. Die Ansprüche an den Übersetzer gehen also über die

---

[3] Holzer, 2002: 63f

3

simple Annahme von einer „Übertragung eines Textes von einer Sprache in die andere" hinaus und überschreiten die Grenze der Sprach- und Kulturgemeinschaft, bezüglich der der Übersetzer über genügend Wissen verfügen muss.

2.3 Zur kontrastiven Textologie

Die Übersetzungswissenschaft legt also ein großes Augenmerk auf den kulturellen Aspekt der Textkompetenz, denn die spezifischen Sprach- und Strukturmuster von Texten einzelner Sprachen sind grundverschieden. Die kontrastive Textologie vergleicht diese textsortenspezifischen Merkmale.[4] Eine schwierige Aufgabe, denn wie bekannt sind Thematik und Funktion der Texte in Ausgangs- und Zielsprache nicht immer identisch. Als ersten Schritt müssen daher die textinternen und -externen Merkmale definiert und analysiert werden. [5] Zudem orientieren sich die Untersuchungen innerhalb der kontrastiven Textologie „fast durchgängig an Ergebnissen der textlinguistischen Forschung und speziell an Vorschlägen zur Beschreibung und Klassifikationen von Textsorten. In den Vordergrund geraten so einerseits Analysen zur Makrostruktur, also den charakteristischen Teiltexten einer Textsorte und ihrer Abfolge, andererseits Untersuchungen zur illokutionären Struktur, denn es wird weitgehend vorausgesetzt, dass die Kommunikations-funktion eine besonders geeignete Grundlage für die Klassifikation darstellt" (vgl. Adamzik; 2001: 21).

Im Falle der vorliegenden Hausarbeit erweist sich diese Methode als erfolgreich und zudem als sehr einfach, da die Kriterien, die zur Textsortenklassifikation (hier: Kochrezepte) herangezogen werden, in beiden Kulturen identisch sind. Dies wird im folgenden Kapitel näher erläutert.

---

[4] Holzer, 2002: 64
[5] Holzer, 2002: 65

2.4 Textsortenkonventionen

Wie bereits in Kapitel 2.1 definiert, lassen sich Textsorten durch Regelhaftigkeiten zusammenfassen, die konventionalisiert wurden. Für das Übersetzen relevant sind nun Textsortenkonventionen, also die Annahme fester, kulturspezifischer, sprachlich-struktureller Muster innerhalb der Sprachverwendung.[6] Sie erleichtern die Identifizierung eines Textes, erfüllen zudem „Erwartungsnormen seitens der Adressaten und spiegeln soziolektale Sprachmuster der Sprechergruppen wider" (vgl. Frank/Kittel/Greiner, 2004: 650).

Die Konventionen beziehen sich zum Einen auf die Makroebene, (d.h. zum Beispiel auf den inhaltlichen Textaufbau, Texteinteilung und –form[7]), als auch auf die Mikroebene (zum Beispiel auf die grammatikalisch-syntaktische, oder auf die lexikalische Gestaltung, sowie Interpunktion und Phraseologie).[8]

Angewandt auf den Fachtext Kochrezept zeigen sich für die deutsche und italienische Sprache folgende, für den Analyseteil dieser Hausarbeit relevanten, Textsortenkonventionen:

Textaufbau

Die inhaltlichen Strukturierung sind für deutsche und italienische Kochrezepte konventionalisiert.[9] Es zeigt sich ein festes Ablaufschema: Der Rezeptname, der am Anfang des Rezepts steht, nimmt die Funktion der Überschrift ein. Es folgen Angaben zur Personenzahl, Zubereitungszeit, Zutaten und Mengenangabe, sowie der appellative Inhaltsteil, d.h. die Ausführungen zur Zubereitung des Gerichts.

Zusätze wie Mengen- und Kalorienangaben (die abgekürzt werden), weiterführende Tipps oder Anmerkungen zur Zubereitung oder den Produkten, Fotos zur Verstärkung, etc., sind ebenfalls in beiden Kulturen vorhanden.

---

[6] Frank/Kittel/Greiner, 2004:490
[7] Kadrić/Kaindl/Kaiser-Cooke, 2010:110f
[8] ebd.
[9] Frank/Kittel/Greiner: 2004:650

<u>Textfunktion</u>

Nach den in 2.1 geklärten Texttypen, nehmen Kochrezepte sowohl im Italienischen, als auch im Deutschen eine appellative Funktion ein. In diesem Fall sind sie einfach übertragbar, denn in beiden Kulturen werden die Leser aufgefordert.

<u>Grammatikalisch-syntaktische Merkmale</u>

Mikrostrukturell bestehen Kochrezepte vermehrt aus einzelnen Aufzählungen, die in Form von Ellipsen, anstelle von Parataxen, realisiert werden. Kohäsionsmittel wie Konnektoren passen sich diesen elliptischen Formen an. Ein weiteres zentrales Merkmal der Textsorte Kochrezept sind auf grammatikalischer Ebene die infinitivischen Imperative, die sich an den Leser richten. Als Unterschied zum Italienischen und Deutschen ist hierbei jedoch die Syntax zu erwähnen: Während sich die Infinitivkonstruktionen im Deutschen in Endstellung befinden, sind sie im Italienischen syntaktisch als Satzanfang angeordnet.

Davon abgesehen existiert noch eine andere grammatikalische Form, um die appellative Funktion der Textsorte zu realisieren: unpersönliche Formulierungen zur Vorgangsbeschreibungen mit Hilfe des Konjunktiv I, wie zum Beispiel „man nehme". Im Italienischen bedient man sich hierfür dem sogenannten *si impersonale* (zum Beispiel „si mettono le cipolle").

Basierend auf den in diesem Kapitel geschilderten Eigenschaften der Textkompetenz, zeigen sich zusammenfassend folgende Besonderheiten für die Translation: Zum Ersten liefert die „Feststellung der dominanten Funktion (informativ, expressiv, appellativ) eine erste Richtlinie dafür, welche Textelemente für die Zieltextproduktion wesentlich sind. Texttypen können dabei noch weiter differenziert werden in verschiedene Textsorten. Diese zeichnen sich durch konventionelle Muster aus, die kulturspezifisch sind und deren Kenntnis entscheidend ist für eine den Erwartungen der Zielrezipientinnen angemessenen Gestaltung des Translats" (vgl. Kadrić/Kaindl/Kaiser-Cooke, 2010:112).

3. Das kreative Übersetzen

3.1 Stand der Forschung

Nachdem die Wichtigkeit von Textkompetenz im Zusammenspiel mit Kultur beim Übersetzen hervorgehoben wurde, liegt das Augenmerk nun auf den verschiedenen Übersetzungsstrategien. Erwähnenswert ist zunächst, dass kulturelle Zusammenhänge beim Übersetzen bis in die Neunzigerjahre kaum Beachtung fanden.[10] Das Übersetzungskonzept des deutschen Theologen und Philosophen Friedrich Schleiermachers, nach dem originalsprachliche Texte in ihren lexikalischen, syntaktischen, morphologischen und metrischen Besonderheiten im Sinne der Wiedergabe des Geistes der fremden Kultur zu übertragen seien, war bis dahin vorherrschend.[11] Im Laufe der Geschichte der Übersetzung und der Übersetzungswissenschaft wurden weitere Ansätze entwickelt, die sich auf einer anderen Ebene mit der Fragestellung „Kultur übersetzen?" beschäftigen. Für diese Hausarbeit möchte ich mich auf das vergleichsweise junge Konzept des kreativen Übersetzens von Paul Kußmaul beziehen. In seinem gleichnamigen Werk aus dem Jahr 2000 betont er zunächst den Stellenwert des Übersetzens in unserer Gesellschaft; die täuschende Vorstellung, dass Übersetzen das reine Übertragen eines Ausgangstextes in die Zielsprache sei, mit dem der Übersetzer keinerlei Probleme habe, da er beide Sprachen perfekt beherrscht.[12] Sofern sich die Übersetzungsprobleme auf die lexikalische Ebene beziehen, mag diese Annahme auch stimmen, doch Kußmaul berichtigt diese Täuschung, wenn es sich um stark kulturgebundene Phänomene handelt, wie z.B. idiomatische Wendungen, Anspielungen, Wortspiele oder Wortschöpfungen. Eine angemessene Übersetzung hierbei, die von einer Mehrheit akzeptiert wird, nennt Kußmaul das *Mehr-oder-weniger-Prinzip.*[13]

---

[10] Wolf, 2010:44
[11] ebd.
[12] Kußmaul, 2002:17ff
[13] ebd.

3.1.1 Das Vierphasenmodell

Beim Konzipieren von Übersetzungen soll dieses Prinzip also berücksichtigt werden, doch zunächst erläutert Kußmaul die kognitiven Vorgänge, die beim kreativen Übersetzen ablaufen. Der Denkprozess, der im Übersetzer stattfindet, sobald er auf ein Problem stößt, ist die Basis beim kreativen Übersetzen. Laut Kußmaul führt allein schon der richtige Denkprozess zu einer Lösung des Übersetzungsproblems. Diese Prozesse fasst er im sogenannten *Vierphasenmodell* zusammen: Präparation, Inkubation, Illumination und Evaluation.[14] Die Phasen sehen wie folgt aus:

1. Präparation

Diese Phase wird auch Vorbereitungs- oder Verstehensprozess genannt. Das vorliegende Übersetzungsproblem wird hierbei zunächst durch bereits bestehendes Wissen zu lösen versucht. Gelingt dies nicht, muss das Weltwissen durch Recherchen erweitert werden. Persönliche Erfahrungen bestimmen diese Phase ebenfalls, sowie bereits ein gewisser Grad an Kreativität, denn der Kontext, in dem das Übersetzungsproblem situiert ist, lässt verschiedene Interpretationsansätze zu. Diese sind wiederum von den Faktoren Zeit und Raum abhängig, da das dazugewonnene Wissen und die Erfahrungen das Verstehen und Interpretieren des Textes beeinflussen.

2. Inkubation; 3. Illumination

Da die Grenzen dieser beiden Phasen sehr nah aneinander liegen, werden sie an dieser Stelle zusammengefasst. Die Inkubationsphase ist ein Prozess, der im Unterbewusstsein abläuft. In ihm wird nach der Präparationsphase das vorhandene Wissen kombiniert. Die dadurch entstehenden Assoziationen führen schließlich zu einer Lösung, der sogenannten Illumination. *Mentale Blockaden* können in dieser Phase ebenfalls auftreten, diese können jedoch durch eine Pause und Ablenkung gebrochen werden. Auch hierbei handelt es sich wieder um einen unterbewussten Prozess, in dem das Gehirn weiterarbeitet und somit eine Lösung findet.

---

[14] Kußmaul, 2002:57

4. Evaluation

Die vierte und letzte Phase geht mit der Illumination einher. Die gefundene Lösung wird zunächst in Worte gefasst, um eine Beurteilung zu treffen. Wird sie als unangemessen befunden, wiederholt sich die Illuminationsphase, um zu einer neuen, besseren Lösung zu gelangen. Diese beiden Denkprozesse können mehrmals vonstatten gehen, falls beim zweiten Durchlauf wieder eine als nicht angemessen befundene Lösung zum Vorschein kommt.

3.1.2 Kognitive Prozesse innerhalb des Vierphasenmodells

Innerhalb des Vierphasenmodells beschreibt Kußmaul verschiedene Denkweisen, die bei den Phasen ablaufen: das laterale Denken, die Perspektive und den Fokus.[15]

1. Laterales Denken

Das laterale Denken zeichnet sich durch seine Multiplität aus. Hierbei werden nämlich mehrere Lösungen als verwendbar angesehen. Somit bildet das laterale Denken den Gegenpol zum konvergenten Denken, nach dem nur eine einzige Lösung zugelassen wird. Das laterale Denken erfolgt sprunghaft und gilt als Voraussetzung zum kreativen Übersetzen. Es findet während der Inkubation und der Illumination statt.

2. Perspektive

Unter Perspektive versteht Kußmaul die Art und Weise oder den Winkel, aus dem man das Übersetzungsproblem betrachtet. Bedient man sich zunächst der bekanntesten Perspektive, die einem als erstes in den Sinn kommt, besteht die Gefahr, die Übersetzung verfälschen zu können. Denn andere Perspektiven könnten zu einer besseren Lösungen führen, man muss diese nur zulassen.

---

[15] Kußmaul, 2002:84ff

3. Fokus

Um den Zusammenhang von Perspektive und Fokus zu erklären, bedient sich Kußmaul der Figur-Grund-Gliederung des US-amerikanischen Linguisten Ronald Langacker. Beim Übersetzen werden im vordergrundstehende Dinge fokussiert, während die im Hintergrund außer Acht gelassen werden. Vergleichbar ist dieses Phänomen mit der Fokussierung bei einem Bild; Der Blick richtet sich bei einem Foto, auf dem ein kleiner, fliegender Vogel im blauen Himmel abgebildet ist, auf den im vordergrundgestellten Vogel. Übertragen auf einen Text zeigt sich das Selbe; Im folgenden Satz „Johannes und seine Freunde gehen Fußball spielen" steht Johannes im Vordergrund, während sich die anderen Textelemente in den Hintergrund stellen. Beim Übersetzen ist es hierbei wichtig, diese Elemente zu berücksichtigen und wenn nötig, den Fokus zu verschieben, damit eine richtige Übersetzung gesichert ist.

4. Übersetzungsstragie der Scenes-and-Frames-Semantik

Die vorhergehenden kognitiven Prozesse bilden den Grundstein zum kreativen Übersetzen und führen ebenfalls zu verschiedenen Übersetzungsstrategien. Kußmaul stellt die Übersetzungsstrategie nach der Scenes-and-Frames-Semantik vor, die auch in dieser Hausarbeit angewendet wird. Als Weiterentwicklung der Prototypensemantik, wird diese zunächst kurz erklärt:[16]

4.1 Die Prototypensemantik

Basis dieser aus der Psychologie und Linguistik stammenden und von der amerikanischen Psychologin Eleanor Rosch entwickelten Semantik sind Wortbedeutungen, die durch die Erfahrungen und Erlebnisse eines jeden Individuums bestimmt sind. Diese Wortbedeutungen werden dabei ohne einen

---

[16] Holzer, 2000:106ff

bestimmten Kontext betrachtet – ein Gegensatz zur Scenes-and-Frames-Semantik. Die Erfahrungen und Erlebnisse, die die Wortbedeutung beeinflussen, führen zu Kategorisierungen. Hierbei liegt ein *Kern* vor, der sich aus bestimmten, prototypischen Eigenschaften zusammensetzt. Um ihn herum existieren *Ränder*, die sich je nach Menge der aus dem Kern stammenden Eigenschaften nähern oder entfernen.

Zur Veranschaulichung dieses Phänomens führte Eleanor Rosch 1973 eine Befragung bei englischsprachigen Probanden durch, die wohl das bekannteste Beispiel für die Prototypensemantik geworden ist:[17] Welcher ist ein typischer Vogel? Als Antwort folgte mit großer Mehrheit das Rotkehlchen. Der Erfahrungen der Probanden aus der europäischen Kultur nach, verbanden sie den Begriff „Vogel" wohl mit dem prototypischen Merkmal Fliegen, also mit dem *Kern*. Andere Eigenschaften des Vogels wie Federn oder Eierlegen bilden die *Ränder*, die nahe an diesem Kern liegen. Ein Gegenbeispiel zum Prototyp Rotkehlchen wäre der Pinguin. Auch er gehört zu der Gattung der Vögel, wäre innerhalb der europäischen Kultur aber kein Prototyp, da er das bereits genannte zentralste Merkmale des Fliegens nicht erfüllt. Ein weiterer Punkt wäre einfach die Tatsache, dass ein Pinguin in Europa nicht auftritt und somit nicht Teil der Kultur ist. In der Antarktis oder Afrika wäre dies der umgekehrte Fall: Pinguin und Strauß würden die Plätze der Prototypen einnehmen, während Rotkehlchen oder Spatz nicht auftreten würden.

Folglich ist also auch die Prototypensemantik stark kulturspezifisch. Innerhalb der Übersetzungswissenschaft schlägt sich dies nieder, denn es gilt zu entscheiden, ob man den Schwerpunkt auf den Kern, auf die Ränder, oder gar auf beides legt. Es handelt sich also insofern um eine kreative Übersetzung, da Kern und Ränder aufgebrochen werden müssen, um eine neue Wichtung der Elemente und eine Versprachlichung zu erlangen.

---

[17] Kadrić/Kaindl/Kaiser-Cooke: 2010:88

4.2 Die Scenes-and-Frames-Semantik

Das vom US-amerikanischen Linguisten Charles J. Fillmore entwickelte Modell zeichnet sich als Weiterentwicklung der Prototypensemantik in erster Linie dadurch aus, dass es im Vergleich dazu die Wortbedeutungen in einer definierten Kommunikationssituation untersucht. Sie sind also stark kontextabhängig.

Die Kognition läuft bei der Scenes-and-Frames-Semantik wie folgt ab: Im Individuum herrschen die bereits aus der Prototypensemantik bekannten zentralen Wortbedeutungen vor. Diese werden erweitert, dass bedeutet, dass das Individuum zunächst durch mentale Bilder (*scenes*) Zugang zu einem Darstellungsrahmen (*frame*) findet. Einfach formuliert sind *scenes* die begrifflichen Vorstellungen, die Bilder im Kopf eines Menschen, die sich in einem festen Kontext zu einem Begriff bilden, während *frame* der sprachliche Ausdruck, also die Verbalisierung dieser Vorstellungen, ist.[18]

Dem Übersetzer dient bei seiner Arbeit natürlich nur das Mittel der Sprache, das heißt, er kann nur mit den versprachlichten Vorstellungen, den *frames*, arbeiten. Wie ist nun möglich, bei der Übersetzung eines Rahmens, die sich darin befindende Szene beim Leser hervorzurufen?

4.2.1 Scenes-and-Frames-Semantik: Typen des kreativen Denkens

Als Antwort auf diese Frage liefert Kußmaul sieben Typen des kreativen Denkens aus der Scenes-and-Frames-Semantik, die als Übersetzungsstrategie dienen. Kußmaul räumt ein, dass diese schwer voneinander abzugrenzen sind, da die Übergänge fließend sind:[19]

1. Rahmenwechsel

Beim Rahmenwechsel bleibt die Szene erhalten, allein der Rahmen, also die sprachliche Äußerung, wird gewechselt. Diese Übersetzungsmöglichkeit wird

[18] Kadrić/Kaindl/Kaiser-Cooke, 2010:89
[19] Kußmaul, 2000:150ff

z.B. dann angewendet, wenn im Ausgangstext eine Metapher besteht, die im Zieltext nicht als solche wiedergegeben wird. Dadurch soll das Verständnis in der anderen Kultur gesichert werden.

2. Neurahmung

Anders als beim Rahmenwechsel, zeichnet sich die Neurahmung dadurch aus, dass ein nicht konventionelles Wort für einen bestimmten Inhalt verwendet wird. Der neue Rahmen ist also unkonventionell und tritt daher oft als Wortschöpfung auf. Dies lässt sich durch die folgende Vorgehensweise erklären: Bereits vorhandenes Wissen wird auf den Text übertragen, um dann eine Übersetzung abzuleiten.

Anwendung findet die Neurahmung oft bei Übersetzungen von Gedichten, um Rhythmus oder Reimschema zu sichern, falls eine wörtliche Übersetzung das Gedicht unterbrechen würde.

3. Auswahl von Szeneelementen innerhalb eines Rahmens

Anstelle des Rahmens werden hierbei Szenen oder auch Elemente einer Szene gewählt. Man kann von einer Paraphrasierung sprechen, sofern in der Zielsprache keine Entsprechung existiert, oder man einen Sachverhalt zu konkretisieren versucht. Der Leser muss hierfür natürlich über genügend Hintergrundwissen verfügen, daher empfiehlt es sich, das prädestinierteste Szeneelement zu wählen.

4. Auswahl von Szeneelementen innerhalb einer Szene

Durch einen Fokuswechsel werden Elemente einer Szene in den Vordergrund gesetzt. Für die Übersetzung bedeutet dies, dass die Blickrichtung zwar wechselt, der Zusammenhang zur Gesamtszene aber sowohl im Ausgangstext, als auch im Zieltext bestehen bleibt.

5. Szenenwechsel

Die sich im Ausgangstext befindende Szene wird für den Zieltext durch eine andere ersetzt. Erneut unterstehen die Elemente einem Fokuswechsel, um eine angemessene Übersetzung zu finden. So können die Szeneelemente für den

Rahmen Weihnachten zum Beispiel Winter, Kälte und Schnee lauten, für einen anderen, sich auf der südlichen Hemisphäre befindenden Kulturkreis jedoch Sommer, Sonne und Strand.[20]

Angesichts der Übersetzbarkeit von Wortspielen oder Sprachwitzen, die sich durch Homonymie oder Homophonie auszeichnen, findet der Szenenwechsel ebenfalls Anwendung.

6. Szeneerweiterung

Kußmaul unterscheidet zwei Arten von Szeneerweiterung:

a) Steht dem Übersetzer im Ausgangstext nur ein Rahmen zur Verfügung, ergänzt er im Zieltext Szeneelemente, die nicht explizit genannt werden oder

b) er erweitert die Elemente einer Szene im Zieltext, die bereits im Ausgangstext versprachlicht wurden.

Die beiden Formen der Szenenerweiterungen sind stark kontextbezogen und abhängig vom Weltwissen des Übersetzers.

7. Einrahmung

Als Gegenoperation zur Auswahl von Szeneelementen innerhalb eines Rahmens (vgl. Typ 3), wird bei der Einrahmung ein abstrakter Begriff zur Ersetzung der Szene gewählt. Die Übersetzung erhält dadurch einen neuen, selbstgewählten Rahmen, der den Text kompakter gestaltet.

Die Übersetzungsstrategie findet im nun folgenden Kapitel Anwendung.

---

[20] Kadrić/Kaindl/Kaiser-Cooke, 2010:89

5. Anwendungsbeispiele aus der italienischen Gastronomie

Die Auswahl der zu untersuchenden Textkorpora wird an dieser Stelle untergliedert, da es sich bei den gefundenen Anwendungsbeispielen zum Einen um Übersetzungen handelt, die als solche markiert wurden, aber auch Kochrezepte bestehen, die keine genaue Herkunft aufweisen und daher als kulturell-fremdsprachliche Bearbeitung gelten können. Im folgenden Kapitel wird zunächst mit den Übersetzungen gearbeitet.

5.1 Übersetzungen von Kochrezepten

Das erste Anwendungsbeispiel stammt von der Internetpräsenz http://www.emmeti.it/. Die Leitung dieses Verlages namens Datatravel s.r.l (GmbH), der sich speziell mit Touristen-Werbung beschäftigt, trägt Massimo Tonelli. Genauere Namensangaben zu Autoren und Übersetzern sind auf der Seite nicht zu finden. In der folgenden Tabelle wurden das italienische Original und die deutsche Übersetzung eingetragen:

Italienisch	Deutsch
Spaghetti alla carbonara	**Spaghetti mit Speck und Eiern** "Spaghetti alla carbonara"
Tempo di cottura: 10 minuti circa **Difficoltà:** *	**Koch-/Backzeit oder** **Zubereitungszeit:** zirka 10 Minuten **Schwierigkeit:** *
Ingredienti, dosi per 4 persone: •**pancetta**: 150 g •sale •uova: 3 •aglio •spaghetti: 400 g •**formaggio pecorino grattugiato**: 3 cucchiai	**Zutaten für 4 Personen:** •**Bauchspeck**: 150 g •Salz •Eier: 3 •Knoblauch •Spaghetti: 400 g •**geriebener Pecorinokäse** **(Schafskäse)**: 3 Esslöffel

•pepe •formaggio parmigiano grattugiato: 3 cucchiai •olio d'oliva	•Pfeffer •geriebener Parmesankäse: 3 Esslöffel •Olivenöl
Preparazione: **Far soffriggere** in un largo tegame unto di olio la pancetta tagliata a dadini, **unire** uno spicchio di aglio schiacciato e **levarlo** quando sarà ben rosolato. **Rompere** le tre uova intere in un piatto e **sbatterle** bene. Poi **mettere a lessare** gli spaghetti e **scolarli** al dente. A questo punto **versarli** nel tegame del soffritto, **mescolare** e **togliere** il recipiente dal fuoco. **Aggiungere** le uova sbattute, un po' di pepe nero, 1 cucchiaiata di parmigiano e 1 cucchiaiata di pecorino grattugiati. **Mescolare** affinché le uova si trasformino in una fluida crema gialla. **Unire** poi il restante formaggio, **mescolare** e **servire**. (http://www.emmeti.it/Cucina/Ricette/ Spaghetti_alla_carbonara.it.html)	**Zubereitung:** In einem großen Tiegel mit Öl den in kleine Würfel geschnittenen Bauchspeck **andünsten**. Eine Knoblauchzehe **zugeben** und wieder **herausnehmen**, wenn sie Farbe angenommen hat. Die drei ganzen Eier in einem Teller gut **verschlagen**. Die Spaghetti **al dente kochen** und **abgießen**. Nun die Nudeln in den Tiegel mit der angebratenen Mischung **geben**, **umrühren** und den Tiegel vom Herd **nehmen**. Die verschlagenen Eier, ein wenig schwarzen Pfeffer, je 1 gehäuften Esslöffel geriebenen Parmesan und Pecorino **hinzufügen**. **Umrühren**, bis die Eier zu einer flüssigen gelben Creme geworden sind. Den restlichen Käse **zugeben**, **umrühren** und **servieren**. (http://www.emmeti.it/Cucina/Ricette/ Spaghetti_alla_carbonara.de.html)

Der vorliegende Korpus wird zunächst unter den Gesichtspunkten der Textkompetenz analysiert:

Erste makrostrukturelle Auffälligkeit ist der Textaufbau: Ausgangstext und Zieltext folgen den gleichen, konventionalisierten Abfolgen. Über den Rezeptnamen als Überschrift, bis hin zu den weiterführenden Angaben wie

Kochzeit, Schwierigkeitsgrad und Zutaten, enden die Rezepte mit den genauen Aufforderungen zur Zubereitung.

Fortfahrend werden nun die gelben Markierungen untersucht, die die Mikroebene betreffen: Die appellative Funktion des Kochrezepts wird an dieser Stelle grammatikalisch-syntaktisch realisiert. Die Infinitivkonstruktionen übernehmen die imperativische Funktion und befinden sich syntaktisch nach grammatikalischen Regeln in Endstellung (deutsch) bzw. zu Beginn des Satzes (italienisch). Bezüglich dieser Gegebenheiten stellen sich dem Übersetzer keine Probleme, aufgrund von Konventionalisierung und kultureller Gleichheit.

Desweiteren zeigen sich im deutschen Text elliptische Sätze, die im Original nicht bestehen, zum Beispiel "unire uno spicchio di aglio schiacciato e levar<u>lo</u>" → "Eine Knoblauchzehe zugeben und [sie] wieder herausnehmen". Kohäsionsmittel wie manche Konnektoren wurden augrund dieser elliptischen Form fallengelassen, andere werden wiederum übernommen, zum Beispiel "a questo punto" → "nun".

Bei den grün unterlegten Stellen werden die Überlegungen aus der Übersetzungsstrategie der Scenes-and-Frames-Semantik von Paul Kußmaul klar: Der Rezeptname lautet im italienischen Original „Spaghetti alla carbonara". Diese Bezeichnung wird ins Deutsche soweit zwar übernommen, jedoch um eine weitere Überschrift erweitert - „Spaghetti mit Speck und Eiern". Der Übersetzer bedient sich also der nach Kußmaul definierten dritten Form des kreativen Übersetzens: Auswahl von Szeneelementen innerhalb eines Rahmens. Die Elemente Speck und Eier sind Szenen aus dem Rahmen, zudem die prädestiniertesten für das Gericht. Der Übersetzer verfügte demnach über das Hintergrundwissen (oder er eignete es sich an), dass dieses Spaghettigericht hauptsächlich aus Eiern und Speck besteht. Somit öffnete sich in einem mentalen Prozess die *scenes* „Eier und Speck" beim *frame* „Spaghetti alla carbonara". Da dieser Vorgang jedoch nicht bei jedem Leser gewährleistet ist (wenn das Hintergrundwissen nicht besteht zum Beispiel), wurde dem Originaltitel „Spaghetti alla carbonara" der Zusatz „Spaghetti mit Speck und

Eiern" beigefügt. Diese Paraphrasierung sichert somit das Verständnis in der Zielsprache und vermittelt zudem eine genaue Vorstellung des Gerichts.

Die letzten zu untersuchenden Markierungen sind lila und betreffen die Zutatenliste. Hier kommt der rein kulturelle Aspekt zum Vorschein: Die Spaghetti carbonara werden in Italien mit Pecorino bestreut, einer ganz speziellen Käseart. Es handelt sich um einen Schafskäse, der auf eine lange Tradition zurückblickt und mittlerweile in verschiedenen regionalen Varietäten besteht, von denen nur vier genau definiert und geschützt sind (pecorino romano, sardo, siciliano und toscano). Da die Bezeichnung allein jedoch keinem Schutz unterliegt, ist in anderen Ländern ebenfalls Pecorinokäse erhältlich, auch wenn er soweit nicht dem italienischen Original entspricht. Die Besonderheit des Käses wurde vom Übersetzer jedoch berücksichtigt. Er hat dem alleinigen Rahmen „pecorino" aus dem Ausgangsext eine Zusatzszene im Zieltext gegeben, und zwar „Pecorinokäse (Schafskäse)". Auch hier wird dem Leser wieder ein besseres Verständnis gesichert, sofern er nicht über die alleinige Bezeichnung „pecorino" Kenntnis verfügt.

Das selbe Phänomen zeigt sich bei der weiteren Zutat „pancetta". Hierbei handelt es sich ebenfalls um ein typisch italienisches Produkt, das wieder in sowohl geschützten, als auch nicht geschützten Formen existiert. „Pancetta" beschreibt im Allgemeinen italienischen Bauchspeck vom Schwein, der gerollt und gewürzt und als Aufschnitt serviert wird. Selbst die Würzungen und Zubereitungsarten (geräuchert, gekocht, mit Holzleisten befestigt,etc.) sind unterschiedlich. Für die Spaghetti carbonara werden im Normalfall Stücke dieser Wurstspezialität verwendet, die einen höheren Fettanteil enthalten.

Dem deutschen Leser bietet der Übersetzer nun eine Mischung aus Rahmenwechsel und Neurahmung: Anstelle der sehr stark kulturgebundenen pancetta, die in Deutschland nur in italienischen Feinkostläden erhältlich ist, liefert er die Alternative „Bauchspeck". Der italienische Urpsrungsrahmen entfällt, es wird der neue, deutsche Rahmen „Bauchspeck" gewählt. Insofern kann man von einem Rahmenwechsel sprechen. Elemente aus der Neurahmung finden sich auch, da bereits bekanntes Wissen („bei pancetta handelt es sich um eine sehr spezielle Form von Bauchspeck") für die Übersetzung abgeleitet wurde, wenn auch ein konventioneller Begriff dafür gewählt wurde. Die simple Alternative Bauchspeck für den doch sehr kulturspezifischen pancetta verfremdet das Rezept zwar insofern, sichert jedoch erneut das Verständnis für den deutschen Kulturkreis.

Letzte Besonderheit auf kultureller Ebene ist der Ausdruck „al dente". Er findet sich im Ausgangstext, als auch im Zieltext. Der Ausdruck wurde beispielsweise nicht mit der deutschen Entsprechung „bissfest" übersetzt, sondern einfach in die deutsche Version übernommen. Grund hierfür ist der historische Verlauf der italienischen Esskultur in Deutschland: Die italienische Küche gilt als sehr beliebt, so sind im Laufe der Jahre italienische Formulierungen in die deutsche Lexik eingetreten und werden gar nicht mehr als Fremdwörter empfunden. Hier zeigt sich, wie hoch der Stellenwert von kulturellem Wissen und Prägung für die Übersetzung ist.

Das zweite Beispiel stammt von der Seite http://www.veneto.to und untersteht der Leitung der Engineering Ingegneria Informatica S.p.A. (AG). Angaben zu den Übersetzern sind nicht zu finden, jediglich die originalsprachliche Führung der verschiedenen Sektionen werden genannt. So leitet die „Direzione Beni culturali" die unter anderem Sektion „Kulinarische Routen", unter die auch die Kochrezepte zu finden sind. Im Allgemeinen stellt die Website die Region Venetien vor, die sich im Norden Italiens befindet. Neben Freizeitangeboten und naturgebundenen Vorschlägen, präsentiert veneto.to wie gesagt auch die kulinarische Seite dieser Region. Dabei ist folgendes Rezept zu finden:

Italienisch	Deutsch
Sarde in saor	**Sarde in saor**
Da servire freddo, questo piatto è la modalità classica veneta utilizzata per nobilitare il pesce minuto, trattandolo in agrodolce con la salsa tipica regionale. Oltre che raggiungere un risultato gastronomico di qualità, si otteneva una preparazione che si conservava per una decina di giorni, se	Kalt servieren. Für einen natürlicheren Geschmack kann man die Sardinen ohne sie vorher zu bemehlen frittieren.

mantenuta in ambiente fresco. Un tempo la cipolla si cuoceva successivamente, nell'olio di frittura del pesce. In saor si fanno anche gli sgombri, le sogliole e le passere, ma non è male neppure il pesce piccolo d'acqua dolce. A Venezia oggi giorno va molto di moda il saor con gli scampi. Per un gusto più naturale, si possono friggere le sardine senza infarinarle.

INGREDIENTI (4 persone)	**ZUTATEN** (4 Personen)
• 1 kg di sardine pulite	• 1 kg gereinigte Sardinen
• **farina di frumento 00 qb**	• **glattes Mehl nach Bedarf**
• 1 kg di cipolle	• 1 kg Zwiebeln
• **olio extra vergine di oliva Garda D.O.P.**	• **Natives Olivenöl Garda D.O.P.**
• 1 bicchiere di aceto di vino	• 1 GlasWeinessig
• sale e pepe	• Salz und Pfeffer

PREPARAZIONE	**ZUBEREITUNG**
Si infarinano bene e **si setacciano** rapidamente le sardine, o le alici di fresco pescate, e **si friggono** in olio bollente, **scolandole** poi bene su carta assorbente da cucina e **salandole**. A parte **si prepara** in una casseruola con l'olio extra vergine di oliva abbondante cipolla affettata sottilmente, che **si spruzzerà** decisamente con l'aceto una volta che **sarà imbiondita**. In una teglia **si alternano**, a strati, il pesce con **questa marinatura detta saor**. **Si lascia marinare** il tutto per un giorno	Die Sardinen oder frisch gefangenen Sardellen **in Mehl wenden** und in heißem Öl **frittieren**, dann auf Küchenrolle gut **abtropfen lassen** und **salzen**. Daneben in einem Topf mit Olivenöl die fein geschnittenen Zwiebelringe leicht **anbräunen** und dann mit Essig **ablöschen**. In einer Form den frittierten Fisch in Schichten mit den **marinierten Zwiebeln anrichten (Saor)**. Das Ganze für einen Tag **ziehen lassen**. Die spezielle Marinade **macht** auch die Fischgräten

prima di consumarlo. La speciale marinatura **rende morbida** anche la lisca che, talvolta, **viene** pure **mangiata**.	**weich,** die manchmal auch **mitgegessen werden**.
ABBINAMENTO CON I VINI	**WEINEMPFEHLUNG**
Soave Superiore D.O.C.G.	**Soave Superiore D.O.C.G.**
Colli Euganei Pinot bianco D.O.C.	**Colli Euganei Pinot bianco D.O.C.**
(http://www.veneto.to/veneto-qualita-dettaglio?uuid=99afbf42-3611-43f6-8535-bf908baafdb4&lang=it)	(http://www.veneto.to/veneto-qualita-dettaglio?uuid=ddbbd405-b1de-4e55-8f6d-b2d7c498a758&lang=de)

Die Textebene betrachtend zeigt sich, wie im vorangehenden Rezept, dass auch hier der typische Aufbau eines Kochrezepts eingehalten wird, wenn auch mit anderen Angaben: Anstelle von Kochzeit und Schwierigkeitsgrad wird hier das Rezept durch eine Anmerkung eingeleitet. Nach Zutaten und Zubereitung endet das Gericht mit einer Weinempfehlung.

Die gelb unterlegten Stellen betreffen erneut die Anweisungen zur Zubereitung. Anders als bei den Spaghetti carbonara, hat der Übersetzer hier die ausgangssprachliche unpersönliche Form im Zieltext nicht beibehalten, sondern mit imperativischen Infinitifkonstruktionen übersetzt. Eine genaue Übernahme hat der Übersetzer somit abgelehnt. Übersetzungstechnisch betrachtet wäre dies zwar leichter gewesen, doch gleicht der Übersetzer das Rezept mit den Infinitiven an den deutschen Kulturkreis an, in dem unpersönliche Formulierungen durch Infinitifkonstruktionen abgelöst wurden. Diese Konstruktionen sind heutzutage also geläufiger als die Form mit "man nehme".

Anders als bei den Spaghetti carbonara endet dieses Rezept mit einem Fließtext, in dem keine unpersönlichen Formulierungen mehr verwendet werden. Hier liegt eine eins-zu-eins Übersetzung vor: Aktiv- ("rende morbida" → "macht weich") und Passivkonstruktionen ("viene mangiata" → "mitgegessen werden") sind in Ausgangs- und Zieltext gleich.

Doch in der Übersetzung sind auch Ellipsen zu finden, zum Beispiel "Si infarinano bene e si setacciano rapidamente le sardine, o le alici di fresco pescate, e si friggono in olio bollente, scolando<u>le</u> poi bene su carta assorbente da cucina e salando<u>le</u>" → Die Sardinen oder frisch gefangenen Sardellen in Mehl wenden und in heißem Öl frittieren, [sie] dann auf Küchenrolle gut abtropfen lassen und salzen". Diese Wortauslassungen erleichtern im Deutschen den Textzusammenhang, da eine Wiederholung der Pronomina als störend empfunden werden kann. Manche Satzelemente wurden in der Übersetzung auch komplett weggelassen, zum Beispiel "Si lascia marinare il tutto per un giorno <u>prima di consumarlo</u>" → "Das Ganze für einen Tag ziehen lassen [...]". Der Übersetzer entschied sich wohl für diese Leerstelle, da die Konstruktion mit dem italienischen Temporaladverb "prima" mit der Präpostion di + Infinitiv angeschlossen wird, und dies im Deutschen nicht geläufig ist, und zum Anderen wohl, weil es sich aus dem Kontext ergibt, dass die Fische erst nach einem Tag Einziehzeit gegessen werden sollen.

Die Konnektoren betrachtend sind auch in diesem Rezept Auslassungen und Übernahmen sichtbar, zum Beispiel "una volta" → "dann".

Eine Besonderheit zeigt sich bei der Übersetzung der Überschrift, die grün markiert wurde – es liegt nämlich keine vor. Ausgangs- und Zieltext sind an dieser Stelle also gleich. Die verschiedenen Typen des kreativen Denkens betrachtend, hat sich der Übersetzer keiner davon bedient. Bei Saor handelt es sich um eine kulturspezifische Marinade, ein Eigenname, der hier übernommen wurde. Dies ist soweit auch verständlich, eine Szenenauswahl aus dem Rahmen Saor wäre zum besseren Verständnis ebenfalls möglich gewesen (zum Beispiel "in Essig-Zwiebelmarinade"), fraglich bleibt jedoch, aus welchen Gründen der Übersetzer den Begriff "Sarde" nicht übersetzt hat. Bei "Sarde" handelt es sich im Deutschen um Sardinen. Im weiteren Verlauf des Rezeptes werden sie auch als solche übersetzt, nur im Rezeptnamen nicht. Diese Entscheidung könnte zu einem lexikalischen Missverständnis führen, denn ein deutscher Leser könnte sich unter dem Begriff "Sarde" einen Bewohner der italienischen Insel Sardinien vorstellen. Nach der Scenes-and-Frames-Semantik könnten sich bei diesem *frame* falsche *scenes* öffnen, deren Auswirkungen verheerend sein könnten. Eine Annahme, nach der sich der Übersetzer für diesen Zieltext entschieden hat, könnte die kulturelle Besonderheit und Komplexität des

Gerichts sein – allein die Szenen aus dem Rahmen sind so kulturspezifisch und ein Charakteristikum der venetischen Küche, dass der gesamte italienische Ausgangstext an dieser Stelle übernommen wird, und somit auch der Begriff "Sarde" bestehen bleibt. Eine weitere Annahme könnten unglückliche Abläufe während der Phasen des Vierphasenmodelles sein: Persönliche Erfahrungen des Übersetzers während der Präparationsphase könnten diesen Entschluss beeinflusst haben, oder auch eine bestimmte, als angemessen empfundene, Evalutation der Illumination.

Die einleitende Anmerkung zum Rezept stellt ebenfalls eine Besonderheit dar. Im italienischen Original ist diese nämlich viel länger und bietet einen höheren Informationsgehalt. Neben einem zusätzlichen Tipp, nach dem die Sardinien kalt serviert oder auch unbemehlt frittiert werden können, wird im Ausgangstext zum Einen zusätzlich die kulinarische Geschichte dieses Rezeptes erklärt, zum Anderen wird daraus schon klar, dass es sich bei Saor um eine süß-saure Sauce handelt, die zudem die Haltbarkeit der Speisen in der venetischen Seerepublik verlängert. So bleibt es fraglich, wieso diese Informationen im Zieltext nicht übersetzt, sondern nur auf zwei Serviervorschläge beschränkt wurden. Vielleicht empfand der Übersetzer diesen kulturellen Gehalt der venetischen Küche als nicht relevant, oder er lässt an dieser Stelle die Kultur Venetiens komplett außer Acht. Rückwirkend erklärt er den Begriff Saor nämlich im Fließtext während der Zubereitung (lila markiert). Während das Original an dieser Stelle die bereits vorher genannten Kenntnisse über Saor wiederholt („marinatura detta saor"), kommen diese im deutschen Text erst jetzt zum Tragen. Im deutschen Leser können erst ab dieser Stelle kognitive Prozesse zu diesem Rahmen ablaufen.

Weiterführend werden die anderen lila Markierungen betrachtet. Hierbei handelt es sich erneut um kulturspezifische Zutaten. Die erst genannte Zutat ist Mehl. Im Ausgangstext als „farina di frumento" realisiert und im Zieltext mit „glattes Mehl" übersetzt, stellen sich weitere kulturelle Faktoren heraus: In Italien beschreibt der Zusatz „00" eine gewissen Mehltyp, nach dem definierte Mineralstoffe und Proteine enthalten sind. Die standardisierte Kategorisierung von Mehltypen nach Mineralstoffgehalten sind in allen Ländern unterschiedlich, so könnte das Pendat laut DIN (Deutsches Institut für Normung) zum italienischen Typ 00 in Deutschland eine Mischung aus Typ 405 und 550 sein.[21] Ersichtlich aus einem Vergleich der deutschen Tabelle[22] und der Einteilung nach italienischen Grenzwerten[23], liegen die Grenzen beider Mehltypen nah beieinander (0,51% - 0,55% Mineralstoffgehalt). Es handelt sich um handelsübliches Weizenmehl. So lautet auch die wortwörtliche Übersetzung von farina di frumento Weizenmehl. Der Übersetzer hat diese italienische Typisierung beachtet und sie daher nicht in den deutschen Text mitgenommen. Allerdings unternahm er auch keinen Versuch, durch Recherche eine vergleichbare Entsprechung nach Typbezeichnung zu finden. Alternativ übersetzte er farina di frumento statt Weizenmehl, mit glattes Mehl – eine Entsprechung, die in Backkreisen zwar bekannt ist, dem Laien allerdings Fragen aufwerfen könnte. Weizenmehl ist geläufiger und weniger spezifisch als glattes Mehl, so hängt es vom Hintergrundwissen des Rezipienten ab, ob er weiterführende Recherchen zu dieser Zutat durchführen muss, oder nicht.

Ebenfalls kulturell geprägt sind die Zusätze beim Olivenöl und bei der Weinempfehlung. Sie lauten D.O.P., D.O.C. und D.O.C.G. Diese Akronyme bezeichnen italienische Qualitätsprädikate im EG-Recht der geschützten Ursprungsbezeichnung (g.U.). Der Zusatz D.O.P. (*Denominazione d'Origine Protetta*) kennzeichnet Produkte mit geschützter Herkunftsbezeichnung, D.O.C (*Denominazione di origine controllata*), ist eine Ursprungsbezeichnung für bestimmte Lebensmittel, während das staatliche Garantiesiegel D.O.C.G. (*Denominazione di Origine Controllata e Garantita*) ausschließlich Weine mit höchsten Qualitätsansprüchen auszeichnet.

Beim Übersetzen wurden diese Bezeichnungen übernommen, ohne weiterführende Erklärungen. Der Leser steht hierbei vor einer kulturellen Besonderheit, selbst die Olivenöl- und Weinsorten sind kulturspezifische Eigennamen. Pendants zu deutschen Qualitätsprädikaten werden im Rezept nicht gegeben. Allein beim weiteren Betrachten der Internetseite werden dem

---

[21] http://www.gutefrage.net/frage/wo-bekommt-man-mehl-typ-00-fuer-die-eigene-pizza
[22] http://de.wikipedia.org/wiki/Mehl#Typisierung_in_Deutschland_nach_DIN
[23] http://de.wikipedia.org/wiki/Mehl#Vorgeschriebene_Grenzwerte_in_Italien

24

deutschen Leser genauere Informationen zu Olivenöl[24] und den Weinen[25] gegeben. Im Rezept werden diese weiterführenden Links nicht markiert, daher bleibt es fraglich ob der Leser die Recherche auf der Internetseite weiterführt oder nicht. Anscheinend geht der Übersetzer davon aus.

5.2 Fremdsprachliche, kulturelle Bearbeitungen von Kochrezepten

Die nachfolgenden Beispiele können als fremdsprachlich kulturell bearbeitete Kochrezepte gelten, da ihre Herkunft bzw. Ausgangstexte nicht eindeutig nachweisbar oder auffindbar sind. Sie wurden aus folgenden Kochbüchern entnommen:

- „Koch- und Lebenskunst aus Italien". Herausgeberin ist die deutsche Autorin Dr. Claudia Piras, die neben Kochbüchern viele Ratgeber und auch Übersetzungen veröffentlicht hat. In diesem Kochbuch findet sich der Vermerk, dass der Originaltitel des Buches „Culinara Italia – Italienische Spezialitäten" heißt, bei „Koch- und Lebenskunst aus Italien" handelt es sich um eine Sonderausgabe aus dem Jahr 2006. Das italienische Ausgangswerk lautet „Specialità d'Italia. Le regioni in cucina". Übersetzt wurden die Rezepte von Giorgio Sinigalia, Peter Schelling und Stefanie Manderscheid.
  Bei den Rezepten dieses Kochbuches handelt es sich also um Übersetzungen, doch liegen die Ausgangstexte nicht vor.

- „Die echte italienische Küche": Die Autoren sind Sabine Sälzer und Reinhardt Hess. Bei ihrer Arbeit wurden die beiden Autoren von Franco Benussi beraten, Leiter der Münchener Delegation der Accademia Italiana della Cucina. Darüber hinaus hat Benussi auch das Vorwort zu diesem Kochbuch geschrieben. Die Rezepte dieses

---

[24] http://www.veneto.to/veneto-qualita-dettaglio?uuid=f2c38928-bbc9-4cdf-990d-4e550cf8cd54&lang=de
[25] http://www.veneto.to/veneto-qualita-dettaglio?uuid=f3ff0907-9d1f-40be-841d-96dd5c4b3294&lang=de

Kochbuches sind demzufolge fremdsprachlich bearbeitete Texte, die kulturell angepasst wurden.

Den beiden Kochbüchern gemein ist der inhaltliche Aufbau: Die Rezepte werden nach den 20 Regionen Italiens aufgelistet. Zudem finden sich zu jeder Region und den typischen Spezialitäten viele Anmerkungen und Erklärungen, die dem Leser nochmal die kulturelle Seite des Landes präsentieren.

Aufgrund der vorhergehenden Erklärungen handelt es sich beim nun folgenden Korpus um einen Vergleich aus nicht nachprüfbaren Übersetzungen aus dem Italienischen und einer deutschen Bearbeitung, die mit kulturspezifischen Fachwissen angefertigt wurde:

Koch- und Lebenskunst aus Italien (1)	Die echte italienische Küche (2)
„Spaghetti alla puttanesca" **Spaghetti mit Sardellen und Oliven**	„Spaghetti alla puttanesca" **Spaghetti mit Oliven-Kapern-Sauce**
	Zubereitungszeit: 40 Min Bei 6 Portionen pro Portion: 1700kJ/410 kcal
Zutaten (4 Personen):	Zutaten für 4-6 Portionen:
•**4 gesalzene** Sardellenfilets	•**500** g reife Tomaten **(oder Tomatenfruchtfleisch aus der Dose/Packung)**
•**2** Knoblauchzehen	•**½ Bund glatte** Petersilie
•**3-4 EL Olivenöl Extra Vergine**	•100 g schwarze Oliven ohne Stein
•**30 g Butter**	•**3 EL Kapern**
•150 g entsteinte schwarze Oliven	•**3** Knoblauchzehen
•**1** EL **gesalzene** Kapern	•**3 eingelegte** Sardellenfilets
•5 reife Tomaten	•**1 scharfe rote Peperoni**
•Salz	•**2 EL Tomantenmark**
•400 g Spaghetti	•400 g Spaghetti
•**1** EL **gehackte** Petersilie	•6 EL Olivenöl
	•Salz, Pfeffer aus der Mühle

Das Salz von den Sardellen **abwaschen**, die Filets **kleinhacken** und zusammen mit dem Knoblauch in Öl und Butter bei niedriger Hitze **anschwitzen**. Tomaten **enthäuten** sowie **würfeln** und zusammen mit Oliven und Kapern zu den Sardellen **geben**. **Salzen** und bei niedriger Hitze etwa 20 Min. **köcheln lassen**. Spaghetti in reichlich Salzwasser **al dente kochen**, **abschütten**, **abtropfen lassen** und in eine vorgewärmte Schüssel **geben**. Die heiße Sauce darüber **gießen** und mit Petersilie **bestreuen**. **Durchmischen** und heiß **servieren**.

1. Tomaten kurz mit kochendem Wasser **überbrühen**, kalt **abschrecken** und **enthäuten**. Fruchtfleisch **entkernen** und grob **zerteilen**.

2. 100 g entsteinte Oliven und 3 EL Kapern fein **hacken**. 3 Sardellenfilets **abspülen**, **abtrocknen**, **zerkleinern** und mit einer Gabel fein **zerdrücken**. Peperoni **aufschlitzen**, **entkernen**, Schote in dünne Ringe **schneiden** (anschließend sofort die Hände gründlich **waschen**!). 3 Knoblauchzehen fein **hacken**

3. In einem Topf 6 EL Olivenöl **erhitzen**. Knoblauch und Peperoni darin unter Rühren **andünsten**. Tomatenfruchtfleisch, Tomatenmark und zerdrückte Sardellenfilets **einrühren**. 15 Min. im offenen Topf leicht **köcheln lassen**.

4. Inzwischen in einem großen Topf 4 l Salzwasser **zum Kochen bringen**. 400 g Spaghetti darin in 8-10 Min. bissfest **garen**. ½ Bund Petersilie sehr fein **hacken**.

5. Kapern und Oliven in die Sauce **rühren**, mit Salz und Pfeffer **würzen**. Spaghetti **abgießen**, sofort mit der Sauce **mischen**. Petersilie **aufstreuen**, eventuell frisch geriebenen Parmesan dazu **servieren**.
(Salz nur vorsichtig verwenden, da

	Sardellen und Kapern, Oliven und Tomatenmark schon mehr oder weniger kräftig gewürzt sind.)

Auch hier lässt die fest definierte Gestaltung keine Zweifel offen, dass es sich beim vorliegenden Korpus um ein Kochrezept handelt. Der Aufbau an sich ist gleich, lediglich die Ausführung der inhaltlichen Struktur ist unterschiedlich. So finden sich in (2) neben Zutatenliste mit üblichen Abkürzungen für Mengen und Kochanweisungen, zusätzliche Angaben wie Zubereitungszeit, Kalorienangaben und Kochtipps, die sich sowohl innerhalb des Rezeptes befinden („anschließend Hände gründlich waschen!"), als auch zum Schluß.

Wie bei den vorangehenden Beispielen auch, wird die Analyse erneut mit den gelben Markierungen begonnen. Da es sich bei (1) um eine Übersetzung handelt, deren Ausgangstext jedoch nicht vorliegt, können nur die deutschen Realisierungsformen betrachtet werden. Hier handelt es sich erneut, wie oftmals bei den vorhergehenden Beispielen, um Infinitivkonstruktionen. Ob diese im Original ebenfalls bestanden, oder unpersönliche Formulierungen verwendet wurden, lässt sich nicht feststellen, jedoch unterstreicht die deutsche Version wieder, dass die für Kochrezepte typischen, und gängigeren Infinitive (anstelle von unpersönlichen Anweisungen) zur Übersetzung herangezogen wurden. Gleiches gilt auch für die Bearbeitung (2). Syntaktisch betrachtet zeigen sich erneut Ellipsen. In beiden Beispielen findet sich kein wirklicher Fließtext, es handelt sich um eine reine Aufzählung, die durch Kommata anstelle von selten auftretenden Konjunktion wie „und", oder zum Beispiel „nachdem" oder „dann", realisiert wird. Verstärkt wird die Funktion der Aufzählung bei (2) durch die Nummerierung der einzelnen Zubereitungsschritte.

Die Überschrift wurde erneut grün unterlegt. Dieses Spaghettigericht heißt in Italien „Spaghetti alla puttanesca". Davon ausgehend finden sich in beiden deutschen Versionen ein Zusatz: in (1) lautet er „Spaghetti mit Sardellen und Oliven" und in (2) „Spaghetti mit Oliven-Kapern-Sauce". Erneut kommt hier die Scenes-and-Frames-Semantik zum Tragen: Dem deutschen Leser wäre „Spaghetti alla puttanesca" kein Begriff, so wurden aus dem Rahmen typische Szenen (zum Einen Sardellen und Oliven, zum Anderen Kapern und Oliven) entnommen und beigefügt. Ein weiterer Ansatz für diese Übersetzungs- bzw. Bearbeitungsstrategie wäre der lexikalische Aspekt: Wortwörtlich übersetzt bedeutet „alla puttanesca" nämlich „auf Hurenart" – eine Übersetzung, die im ersten Augenblick verfremdlich auf den deutschen Leser wirken könnte. Zum Einen könnte er sich fragen, wieso ein Gericht mit solch einem moralisch fraglichen Namen betitelt wurde, und zum Anderen könnten sich bei dieser Überschrift falsche bzw. nicht der Zubereitung entsprechende *scenes* öffnen. Da es sich bei Spaghetti alla puttanesca um ein ausländisches, nicht aus der deutschen Küche stammendes Essen handelt, besteht die Gefahr des mentalen Verfremdens bzw. Nichtverstehens im besonderen Maße. Besonders klar wird dies bei Beispiel (1): In „Koch- und Lebenskunst aus Italien", aus dem das Rezept stammt, werden auf den Seiten 236 und 237 wie die „Spaghetti alla puttanesca" weitere Nudelgerichte aus dieser Region vorgestellt. Es handelt sich um „Spaghetti all'amtriciana", „Gnocchi di semolino alla romana", „Bavette alla carrettiera" und auch um die bereits bekannten "Spaghetti alla carbonara". Übersetzt werden alle Gerichte mit einer deutschen Entsprechung: "Spaghetti nach Art von Amatrice", „Grießnocken auf römische Art", „Bavette auf Fuhrmannsart" und „Spaghetti nach Köhlerinart". Nur die „Spaghetti alla puttanesca" stellen mit ihrer Übersetzung mit Hilfe der Scenes-and-Frames-Semantik eine Ausnahme dar. An dieser Stelle wird klar, dass die Übersetzer sich bewusst für einen Bruch der bisherigen wortwörtlichen Übersetzungsmethode entschieden haben, ansonsten wäre auch dieses Gericht mit der moralisch fragwürdigen Bezeichnung „Spaghetti nach Hurenart" übersetzt worden.

Dem italienischen Leser jedoch, vor allem dem, der wie das Rezept aus dem Süden des Landes stammt, stellt sich keine Schwierigkeiten bzw. Verwunderung, da das Rezept Teil seiner Esskultur ist, auch wenn wohl nicht jedem der etymologische Ursprung bekannt ist. Dieser ist nämlich nicht eindeutig, es existieren verschiedene Erklärungsansätze. So gehen manche tatsächlich auf den Beruf der Prostituierten zurück: Zum Einen war eine schnelle Zubereitung der Mahlzeiten zwischen den Freiern wichtig, die sich zudem aus haltbaren Essensresten gestalten musste, da die Prostituierten der 50er Jahre nur ein Mal pro Woche zum Einkaufen Ausgang hatten. Zum Anderen könnte die Bekleidung der Prostituierten eine Rolle bei der Namensgebung gespielt haben, da sich die Farben der Lingerie im Gericht widerspiegelt: das Grün der Petersilie, das Rot der Tomaten, das dunkle Lila der Oliven, das Grau-Grün der Kapern und das granatapfelrot der Peperoni.

Ein anderer Erklärungsversuch, der sich fernab von Bordellen und Prostituierten liegt, findet sich beim Maler Eduardo Colucci, der die „maccheroni alla marinara" nach dem Zweiten Weltkrieg auf Ischia auf „alla puttanesca" umtaufte. Die Gründe dafür sind allerdings nicht bekannt.[26] Übersetzungstechnisch betrachtet wird an dieser Stelle erneut der kulturelle Aspekt klar, den es beim Anfertigen eines Zieltextes zu beachten gilt.

Kulturelle und auch spezifische Elemente der Esskultur sind lila markiert. Beim Vergleich der beiden Zutatenlisten lassen sich Unterschiede feststellen: Mal sollen gesalzene Sardellenfilets genommen werden, mal eingelegte. Mal finden sich fest definierte Vorgaben, dass die Kapern gesalzen sein müssen, mal bleibt diese Vorgabe aus. Mal soll einfach gehackte Petersilie hinzugegeben werden, mal sind die glatten Blätter einer spezifischen Sorte dieses Küchenkrauts gemeint, etc. Auch die Größe der Mengen variiert zwischen den beiden Rezepten: Zwar sind beide für minimal 4 Personen ausgelegt, doch da Beispiel (2) maximal 6 Personen vorsieht, werden zum Beispiel 3 anstelle von 2 Knoblauchzehen vorgeschlagen. Eine weitere Besonderheit der Zutatenliste ist die unterschiedliche Menge: In (2) finden sich eindeutig mehr Zutaten als in (1). So kommt zum Einen die für das Gericht spezifische Peperoni in (1) gar nicht vor, zum Anderen wird zum Beispiel die Butter zum Anbraten aus (1) in (2) nur auf Olivenöl beschränkt, etc. Erklären lassen sich diese Zutatenunterschiede durch die verschiedenen Ausführungen, die bei jedem Rezept bestehen. Es existiert einfach nicht nur „ein Rezept" von Spaghetti alla puttanesca, sondern viele verschiedene Variationen, die in den Basisingredenzien zwar gleich sind, doch in manch weiteren Zutaten

---

[26] http://www.portanapoli.com/Ita/Cucina/ga_puttanesca.html

30

voneinander abweichen. So lassen sich auch verschiedene Zubereitungsarten und Schrittfolgen erklären.

Abhängig könnte diese Variationen erneut von der kulturellen Vielfalt sein, nach der manche Zutaten spezifischer für eine Region bzw. ein Land sind, denn wie aus dem Beispiel der Spaghetti carbonara ersichtlich sind nicht immer alle Zutaten in Deutschland erhältlich. Im Falle der Spaghetti puttanesca handelt es sich zudem um ein Gericht, dessen Herkunft sich auf den Süden Italiens erstreckt: So soll es auf der einen Seite aus der Region Lazio stammen (wie auch im Kochbuch aus dem Beispiel (1) entnommen wurde, markiert ist), auf der anderen Seite soll es ein typisches Gericht aus der neapolitanischen Küche der Region Kampaniens sein (so wurde Beispiel (2) eingeordnet). Die unschlüssige Herkunft könnte ein weiteres Indiz für die Variationen der Zutaten sein.

Letzte lila markierten Analysepunkte betreffen erneut den kulturellen Aspekt. Das Olivenöl in Beispiel (1), bei dem es sich um eine Übersetzung handelt, wird mit der italienischen Bezeichnung Extra Vergine übernommen. In Deutschland, ähnlich wie bei der Klassifikation von Mehl, lassen sich verschiedene Qualitätskennzeichnungen feststellen. So wäre das deutsche Pendant zu „Extra Vergine" „Natives Olivenöl Extra". In diesem Falle (anders als beim Mehl bei den Sardinen in Saor, bei dem eine kreative, auf einem Vergleich basierte Übersetzung von nöten war) handelt es sich sogar um eine Eins-zu-eins Entsprechung, da beide Olivenöltypen in beiden Kulturräumen die gleichen Inhaltsstoffe haben und daher die gleichen Bezeichnungen nach der europäischen Verordnung (EG) Nr. 1234/2007 aufweisen.[27] Eine wortwörtliche Übersetzung hätte in diesem Fall also kein Problem dargestellt. Wieso der Übersetzer sich für die italienische Bezeichnung entschieden hat bleibt offen, jedoch könnte eine Erklärung in der Kultur zu finden sein: Da die italienische Küche wie bereits erwähnt sehr beliebt ist und immer mehr Einzug in das kulinarische Leben Deutschlands nimmt, wird auch die Lexik ins Deutsche aufgenommen. So sind solch zentrale Begriffe wie „Olivenöl Extra Vergine" nicht nur noch Kochprofis bekannt, sondern mittlerweile auch Laien. Zum Anderen vermittelt die Übernahme des italienischen Begriffes auch mehr

---

[27] http://eur-lex.europa.eu/LexUriServ/LexUriServ.do?uri=OJ:L:2007:299:0001:0149:DE:PDF

Prestige. Dieses Phänomen zeigte sich schon bei den Spaghetti carbonara bei dem Begriff al dente, der sich auch hier wieder in (1) findet.

6. Schlussbetrachtung

Kern der vorliegenden Hausarbeit war die Übersetzungsmethode der Scenes-and-Frames-Semantik unter Berücksichtigung der Textkompetenz und der kulturellen Faktoren.

Der Einblick in die Bestimmung von Textsorten und deren Charakteristika verdeutlichte die Wichtigkeit in Hinblick auf Übersetzungen. Eine vorherige Textanalyse des Ausgangstextes erleichtert die Evaluation von übersetzungsrelevanten Elementen, um eine zielsprachenorientierte angemessene Übersetzung zu finden, die den zielsprachlichen Textsortenkriterien entspricht. Im Falle der Kochrezepte fällt diese Bestimmung leicht, da die Texte in beiden Kulturräumen auf Mikro- und Makroebene gleich sind. Für die Übersetzung ließen sich nur kleine Unterschiede feststellen, die jedoch der entsprechenden Kultur angepasst waren, wie zum Beispiel die Angleichung an Infinitivkonstruktionen. Die gelben Analysepunkte der Beispielrezepte haben dies bestätigt.

Neben der Textkompetenz wurde ebenfalls der Stellenwert der kognitiven Prozesse beim Übersetzungsprozess betont. Ohne sie ist keine fremdkulturell verständliche Übersetzung gewährleistet. Doch die mentalen Prozesse allein, die Paul Kussmaul vorstellt bilden nur den ersten Schritt zur Übersetzungsmethode auf Basis der Prototypensemantik. Die hier gemeinte Scenes-and-Frames-Semantik schlug sich ebenfalls im Analyseteil nieder. Der angewandte Typ war die Auswahl von Szeneelementen innerhalb eines Rahmens. Rückschließend könnte man sagen, dass sich diese Methode als erfolgreichste und zudem als häufigste für Kochrezepte beweist. Ein fremdartiges Kochrezept, dessen Originaltitel im Zieltextleser keinerlei Bezüge zulässt, lässt sich durch Szeneelemente besser verstehen. Wichtig ist hierbei die Auswahl der Szeneelemente. Sie müssen passend sein und zudem dem

Kulturraum, in dem sich der Zieltextleser befindet, bekannt sein. In den vorliegenden Beispielen war dies oft der Fall, allein in einem Beispiel gab es einen Unglücksfall (vgl. Sarde in Saor).

Der Stellenwert der Kultur wurde ebenfalls untermauert und als unabdingbar für eine Übersetzung befunden. Als junges Kriterium der Übersetzungswissenschaft bestätigte sich dieser Befund sogar. Die empirische Analyse zeigte im besonderen Maße die Schwierigkeit für Übersetzungen von stark kulturspezifischen Elementen, insbesondere die der Zutaten. Oftmals existierte kein deutsches Pendant, so wurde entweder teilweis äquivalenter Ersatz in der Zielsprache gesucht (vgl. pancetta → Bauchspeck), ein Zusatz beigefügt (vgl. pecorino → Pecorinokäse (Schafskäse)) oder es erfolgte eine wortwörtliche Übernahme, die sich auf Prestigegründe und einen bereits hohen Bekanntheitsgrad in der Zielkultur zurückschließen ließ. An anderer Stelle waren Eins-zu-Eins-Übernahmen aus moralischen Gründen ausgeschlossen, um das Verständnis und vor allem die Werte und Normen in der Zielkultur zu wahren (vgl. Spaghetti alla puttanesca). Hierbei wird sehr gut verdeutlicht, wie eng Kultur und Übersetzungsmethode zusammenliegen: ohne kulturelle Berücksichtigung wäre die Scenes-and-Frames-Semantik an dieser Stelle nicht angewendet worden.

Weiterer kulturgeprägt kritischer Punkt waren Qualitätsangaben bei Mehl, Wein oder Öl, die ganz unterschiedlich gelöst und somit unterschiedliche Übersetzungen bzw. Bearbeitungen hervorbrachten. So fanden sich ebenfalls Übersetzungen, in denen der Wert von kulturellen Besonderheiten an mancher Stelle als nicht wichtig erachtet, und somit ausgelassen wurde (vgl. die Einführung zu den Sardinen in Saor, die in der deutschen Version deutlich kürzer ausfällt und Fragen zu Saor offen lässt). Das Thema Kultur lässt sich also als umfassend, schwer greifbar und alles andere als leicht zu übersetzen, zusammenfassen.

Das Zusammenspiel zwischen Übersetzungsstrategie und Kultur, Grundgedanke der Hausarbeit, zeigte sich in vielfältiger Ausführung und unterschiedlicher Wertung. Eine Beobachtung, die ein unabdingbarer Teil der Übersetzungsstrategie darstellt.

7. Literaturverzeichnis

Adamzik, Kirsten, (2001), *„Grundfragen einer kontrastiven Textologie"* in: Adamzik, Kirsten; Gaberell, Roger; Kolde, Gottfried (ed.), *„Kontrastive Textologie: Untersuchungen zur deutschen und französischen Sprach- und Literaturwissenschaft"*, Tübingen: Staufenburg-Verl., 13-49

Holzer, Peter, (2002), *„Textsortenkompetenz in der Übersetzerausbildung"* in: Feyrer, Cornelia; Holzer, Peter (ed.), *„Translation: Didaktik im Kontext"*, Frankfurt: Lang Peter, 59-67

Kadrić Mira; Kaindl Klaus; Kaiser-Cooke Michèle, (2010), *„Translatorische Methodik"*, Wien: Facultas.wuv

Kußmaul, Paul, (2000), *„Kreatives Übersetzen"*, Tübingen: Staufenburg-Verl.

Schreiber, Michael, (1993), *„Übersetzung und Bearbeitung"*, Tübingen: Gunter Narr Verlag

Wolf, Michaela, (2010), *„„Kulturelle Übersetzung" - Spielwiese für übersetzerische Beliebigkeiten oder Spielarten von Übersetzung „nach Babel"?"* in: Yamamoto, Hiroshi; Ivanović, Christine (ed.), *„Übersetzung – Transformation: Umformungsprozesse in/von Texten, Medien, Kulturen"*, Würzburg: Königshausen & Neumann, 44-56

Kochbücher:

Hess, Reinhardt; Sälzer, Sabine, (1990), *„Die echte italienische Küche"*, München: Gräfe und Unzer GmbH

Piras, Claudia, (2006), *„Koch-und Lebenskunst aus Italien"*, Potsdam: Tandem Verlag

Internetquellen:

Buommino, Gioavanni, *"Portanapoli"* Ingenieur-Büro für Softwareentwicklung, Mossautal
http://www.portanapoli.com/Ita/ita.html
Stand: 17. August 2011

Ceccon, Lucia; Mason, Patricia, *"Veneto.to: tra la terra e il cielo"* Engineering Ingegneria Informatica S.p.A., Venezia
http://www.veneto.to/
Stand: 17. August 2011

Tonelli, Massimo, „*WelcomeToItaly.com: Cucina Italiana*" Datatravel s.r.l, Firenze
http://www.emmeti.it/
Stand: 17. August 2011